पटना टू पोर्टलैंड

एक बटोही...

पटना टू पोर्टलैंड
एक बटोही...

डॉ. संदीप सोनी

हिन्द युग्म
BLUE

ISBN : 978-93-87464-92-6

प्रकाशक:
हिंद युग्म ब्लू
सी-31, सेक्टर-20, नोएडा (उ.प्र.)-201301
फ़ोन- +91-120-4374046

मुद्रक : श्री मैत्रे प्रिंटेक प्रा. लि., ए-84, सेक्टर-2, नोएडा
कला-निर्देशन : विजेंद्र एस विज

पहला संस्करण : 2020
मूल्य : ₹150

Patna To Portland
A collection of poems by *Dr. Sandeep Soni*

Published By
Hind Yugm Blue
C-31, Sector-20, Noida (UP)-201301
Phone- +91-120-4374046
Email : sampadak@hindyugm.com
Website : www.hindyugm.com

First Edition : 2020
Price : ₹150

मेरे पिता को समर्पित

जिन्होंने

मुझे सपना देखना सिखलाया।

मन की आतुरता उभरती सादे पन्नों पे शब्द बनकर
और हो जाती एक कविता
जैसे अंबर में उड़ता पक्षी ढूँढ़ता-फिरता आशियाना

'पटना टू पोर्टलैंड' कविता संग्रह में छिपी हैं कहानियाँ
गाँव में जन्मी आकांक्षा की
बिहार से अमेरिका के सफ़र की
परदेस में धड़कते देसी दिल की...

यह कविता संग्रह चार भागों में बँटा है। कुछ छोटी कविताएँ भी हैं, जिन्हें ख़ुदरा कहना ज़्यादा सार्थक है- ये चंद शब्दों में गढ़ी भावनाएँ हैं। भाग-1 "भूलती यादें" गाँव और क़स्बे में बीते बचपन और लड़कपन के दिनों को समर्पित है। ज़िंदगी का सफ़र पटना, बनारस और बैंगलोर होता हुआ अमेरिका पहुँचा। भाग-2 "सफ़र" में स्वयं को स्वयं में ढूँढ़ने की कहानियाँ हैं। भाग-3 "एक तस्वीर" ज़िंदगी से जुड़ी कुछ तस्वीरें चित्रित करता है। और भाग-4 "मेरा घर मेरे लोग" मेरी परिधि से बाहर समाज और देश से जुड़ी बातों पर आधारित है।

...पुस्तक के बारे में

क्रम

भाग-1

भूलती यादें

पहले जवान होने की जल्दी थी
अब बचपना ढूँढ़ता हूँ।

- लुकिंग बैक

सर्द शहर
थरथराती हवा
कोट-पतलून स्वेटर-मफ़लर में लिपटा
काली कॉफ़ी में
मलाई वाली दूध
और भरपूर चीनी डालकर
कुल्हड़ वाली चाय-सा स्वाद पाने की कोशिश करता

सुन्न क़स्बा
सिमटे घर
वीरान गलियाँ
हाइवे को चीरती कारें
मैं बंद गाड़ी में
लता और रफ़ी के गाने सुनता
परदेस में अपना देस ढूँढ़ता

पास्ता और सैंडविच से ऊब
दुकानों से पटी गलियों में
देसी ढाबा ढूँढ़ता,
गली के हर नुक्कड़ पर
पान की गुमटी खोजता

मैं एक अजीब मिश्रण
पूरब और पश्चिम का
यहाँ घर वहाँ घर
यहाँ बेघर वहाँ बेघर
हर घर में बेचैन मैं
हर मकान में एक घर ढूँढ़ता।

- **देसी**

यूँ ही
बेधड़क
चलता रहा
खेत के किनारे
पगडंडियों पे
पोखरे से लगे
कच्ची सड़क पे
पीपल के नीचे
कंचे और गिल्ली-डंडा खेलता हुआ
मैं चलता रहा,
कासी हलवाई की दुकान से गर्मागर्म जलेबी
रामलाल के यहाँ से तलती लाल इमिरती खाता हुआ
सेकेंड हैंड साइकिल को
पीच रोड पे
रफ़्तार में दौड़ाकर
ट्रैक्टर को टक्कर दे
चलता रहा

कटेया से काशी
पटना से पोर्टलैंड
देवघर से मिनियापोलिस

सफ़ेद बर्फ़ के बीच से निकले फ़ुटपाथ पर
अट्टालिकाओं के नीचे बेघरों से टकराते
चर्च से मिली मुफ़्त की साइकिल पे बैठ
डिंकी-टाउन के बीच से
धीरे-धीरे
पैडल मारता हुआ
आवारगी में
चलता रहा

फ़ॉल की रंगीन फ़िज़ा से
ऑरेगोन की रिम-झिम में
पहाड़ियों पे चढ़ती पतली सड़क से
झरनों के नीचे नालों के बीच
डगलस देवदार की झुरमुठों के नीचे
मेपल की पत्तियों को रौंदता हुआ
मैं चलता रहा

मैं चलता रहा
इस आस में
कि सलीक़े से चढ़ जाऊँ फिर से
घर के पीछे वाले
अमरूद के पेड़ पे
जिसके दूसरे छोर पे
मधुमक्खियों ने अपना आशियाना बनाया है,
मैं गुज़रता रहा
इस धुन में

कि ये चौड़ी सपाट सड़कें
बदल जाएँ
रेल की पटरियों के समांतर
चलती एक पतली धूल-धूसरित सड़क में,
मैं चलता रहा
एक उन्माद में
कि मेरी ये महँगी गाड़ी बदल जाए
दो सौ रुपए की साइकिल में
और मैं रेस लगाऊँ
ट्रैक्टर से

मैं चलता रहा
एक धुन में
बेधड़क।

- मैं चलता रहा

कमा लो लाखों
पर पिता की जेब से
सौ का नोट
निकलवाने का मज़ा ही कुछ और है

कर लो डिनर कितना भी
फ़ाइव-स्टार होटलों में
पर सालों परदेस रहने के बाद
वापस गाँव लौटकर
चावल-दाल
आलू-बैंगन की कलौंजी
और मिट्टी की कड़ाही में जमी
मोटी मलाई की परत में ढँकी
सौंधी महक से सनी
दही खाने का मज़ा ही कुछ और है

घूम लो कितना भी
मिडवेस्ट की बर्फ़ीली सड़कों से
इटली की गलियों में
ऐमज़ॉन की जंगलों से
बहामास की बीचों तक

पर सर्दी की सुबह
सूरज की चटकीली किरणों में
पुराने घर की छत पर
टीन वाली कुर्सी पे बैठ
चाय की चुस्की लेने का मज़ा ही कुछ और है

थिरक लो कितना भी लातिन धुनों पे
वीकेंड की शाम डिस्कोथिक में
पर
हर शाम
बाँध के किनारे
पुराने टूटे चबूतरे पर बैठ
निश्चिंत
बेपरवाह
सुट्टा मारने का मज़ा ही कुछ और है।

- मज़ा

आज फिर
जी चाहा बच्चा बन जाऊँ

किया मैंने फ़ोन माँ को।

- माँ

बेचैन चित्त से उठती ख़्वाहिशें
कहती है मुझसे
ज़िंदगी कुछ हसीन होती तो कैसा होता

कोयल की कुहू-कुहू और बेली की महक होती तो कैसा होता
शांत समंदर में अठखेलियाँ खेलती
लहरों का शोर होता तो कैसा होता
पहाड़ी के ऊपर मंदिर के आँगन में
पीपल की छाँव होती तो कैसा होता
नदी किनारे मंद बयार की ख़ुशबू होती तो कैसा होता
चाँदनी रात की ख़ूबसूरती में रात भर जागना कैसा होता
ठंडी सुबह में रज़ाई तान के सोना कैसा होता
नाश्ते में अरुई के पत्तों के पकोड़े खाना कैसा होता
शाम को मटर की छिम्मी तोड़ने के बहाने
उस साँवली लड़की को निहारना कैसा होता
सेमेस्टर ख़त्म होने के बाद
शराब को हलक़ से उतारना कैसा होता
घाट की सीढ़ियों पे बैठ सुट्टा मारना कैसा होता
घंटों कमरे में पढ़ने के बहाने तुम्हें खिड़की से देखना कैसा होता
तुम्हारे बारे में यूँ ही लिखते रहना कैसा होता
तुम्हारी हरी नीली आँखों में खो जाना कैसा होता

इस बेचैनी में मेरा तुम्हारे आग़ोश में समा जाना कैसा होता
स्वर्णिम सुबह से बेचैन रात तक तुम्हारा साथ देना कैसा होता

हज़ारों प्रश्न से सनी ख़्वाहिशें
और ख़्वाहिशों में उलझा चित्त
परेशान करता है मुझको।

- **बेचैन ख़्वाहिशें**

जाओ
तुम घूमने ज़्यूरिख की वादियाँ
और इटली की गलियाँ

मुझे तो
हर साल
गर्मी की छुट्टियों में

है ननिहाल जाना।

- ननिहाल

बरसों बाद
मैं गया गाँव
ढूँढ़ता हुआ
वो पतली नदी जो कभी
मेरे आने की ख़ुशी में दूर से इठलाती थी
जिसकी एक ओर
जामुन का एक विशाल पेड़ था
जिसकी छाया में
बच्चे कंचे खेला करते थे
दूसरी ओर खुली कच्ची सड़क
जहाँ से
थोड़ी दूर में
घनी बस्ती शुरू हो जाती थी

मैं गया
खेतों को चीरती पतली पगडंडियों को खोजता हुआ
झूलने झूला
बूढ़े बरगद की बरोहों में
जिसके आँगन में
शीतला माता का मंदिर है
जहाँ बैठो तो

बयार मलयज महक लाती थी
कानों में कोयल की कुहू-कुहू गूँजती थी

मैं गया
बाँध के ऊपर कच्चे टीले पे
उगे मखमली दूब पे बैठने
गप्पे मारने
जहाँ मैंने बहुत क़रीब से
दोस्तों के सपने बनते और बिखरते देखा था

मैं गया
ढूँढ़ता हुआ हर एक चेहरा
हर एक कहानी
हर एक घर
हर एक गली
हर एक पल
जो रहे थे निकल
रेतीले स्मृति से भुरभुराकर

मैं गया
बिसरती यादों को सँजोने
ख़ुद को समझने
कुछ और जीने
मैं गया गाँव।

- मेरा गाँव

भाग-2

सफ़र

उस रात छत पे
जब उठा
ओस की बूँदों से
चिपचिप पसीने में
देखा, स्थिर हवा में
पल-पल धीरे-धीरे
तैरती दूर जाती
ख़्वाहिशों को

चाहा क़ैद करना
बंद मुट्ठी में
पर पोरों को स्पर्श करती
मंद हवा में हिचकोले खाती
परे जा चुकी थी वो

नींद जो टूटी तो रही टूटी
मैं हताश
देखता रहा
ओझल होती उन ख़्वाहिशों को।

- ख़्वाहिशें

वो
बेचैन
माँगता रहा
मदद सब से
और
ख़ुद ने
उसके इंतज़ार में
ज़िंदगी गुज़ार दी।

- लुक विदिन

हर रोज़ सवेरे
मैं मिलता हूँ
एक अजनबी से
बाथरूम में लगे सामने आईने में
निःस्वार्थ
निःसंकोच
करता है वो
इंतज़ार मेरा
हर सुबह
बिना विघ्न के

आज सुबह
बड़ी बारीकी से
घूरकर
देखा मैंने उसको

शक्ल थी हूबहू मेरे जैसी
पर दिखा
थोड़ा बेजान कल से
बाल थे सफ़ेद कुछ ज़्यादा कल से
माँसपेशियाँ थीं कुछ ढीली कल से

दिल की धड़कनें उसकी
चल रही थीं
कभी थोड़ी तेज़
और कभी थोड़ी धीमी
कल से
इच्छाएँ थोड़ी बुझी हुई
चाहतें दबी हुई
आकांक्षाएँ मरी हुईं

बेसमझ मैं
समझना चाहा
उसकी समझ को
पर वो चुप रहा
एकटक देखता रहा
और फिर
झूठी मुस्कुराहट लिये
लौट गया
आईने में।

- आईना

ढूँढ़ता रहा
यहाँ से वहाँ
इधर से उधर
गाँव से शहर
बिना सोचे
बिना समझे
दौड़ता
हाँफता
अशांत

पढ़ा
गढ़ा
रटा
स्कूल से कॉलेज
देश से परदेस
साइकिल से कार
ट्रैन से फ़्लाइट
पायजामा से ब्रांडेड जींस
फिर भी
ढूँढ़ता रहा

ढूँढ़ता रहा
भाई से लड़ाई
कॉलेज की दोस्ती
वो ख़ुशी
वो अपनापन
वो स्वच्छंदता
एक आसान-सी ज़िंदगी,
करवटें बदलता रहा
बिस्तर पे पड़े पतली चादर में
इधर से उधर
इस तरफ़ से उस तरफ़
अस्थिर
पसीने में

ढूँढ़ता रहा
जवान पिता
चपल माँ
रोकना चाहा
उन सफ़ेद होते बालों को
आहिस्ते आती झुर्रियों को
लौटना चाहा वापस
जहाँ तक जाती स्मृति

तलाशता रहा भूत में
भविष्य को
और

वर्तमान
दबे पाँव
चुपके से
निकलता रहा

तलाशता रहा ख़ुशी
अपनों में
दूसरों में
हर जगह
हर मन में
सिवा
स्वयं के।

- तलाश

कितनों ने ढकेला
कितनों ने उछाला
कितनों ने खींचा
कितनों ने टिकाए रखा घंटों अपने सिर पर
कि कहीं गिर न जाऊँ
और फिर पकड़ लिया लपक के
कितनों को आई खरोच
कितनों के कपड़े हुए गंदे मेरे मैले पाँवों से
कितनों ने अपने ख़ाली जेब से निकाले सिक्के
और सरका दिए मेरी जेब में
कितनों ने दिया वक़्त जब वे स्वयं थे व्यस्त

दिखते नहीं अब
वो हाथ
वो कंधे
वो सिर
बस दिखती हैं कुछ चीटियाँ रेंगती हुई

अब मैं चोटी पर हूँ।

- **अहम्**

मैं ग़रीब था
आँखें खुली थीं
जज़्बा था बदलने का सब कुछ

पर अब मैं अमीर हूँ।

- अमीर

पिता के कंधे पे बैठ
जब मैं उछलता और चिल्लाता
जय कन्हैया लाल की
जवाब आता
हाथी घोड़ा पालकी
सारी दुनिया अपनी लगती
हम उस दुनिया के शहंशाह होते
सभी लोग हमारी ख़िदमत में रहते
आज सात-समंदर पार
फिर से ढूँढ़ता हूँ वो कंधा
मैं अपनों का कंधा बनते-बनते
अपना कंधा भूल गया

वो घर
दो कमरे का
किराए का
किसी बंगले से कम न लगता
आज ये मेरा महल
किसी आशियाने को वीरान करने की सज़ा लगता है
महल तो बना दिया
मगर कमरा बनाना भूल गया

आवारा जब घूमता मैं
बेपरवाह
गलियों में दोस्तों के साथ
ट्रेन की पटरियों पे चप्पल में
बिना डरे
बिना सोचे
बिना समझे
पता था मुझे-परवाह मेरी सबको है
अब बरसों बाद
मैं घूमता हूँ
गाड़ियों में
चौड़ी सड़कों पे
बड़े शहरों में
क़ीमती जूतों में
ज़िम्मेदार और शांत
पर चिंतित
सोचता हूँ- मुझे परवाह तो सभी की है
बस
अपनों की परवाह करना भूल गया।

- मैं भूल गया

रुको
ठहरो

हाँफते तो कुत्ते हैं।

- ब्रीद

क्यों न दौड़ूँ छूने क्षितिज को
क्यों न उड़ूँ बादलों में आँधी के ऊपर
क्यों न तैरूँ इस नदी में उस पार जाने
क्यों न चलता चलूँ पगडंडियों पर खेतों के बीच
क्यों न पूजूँ उस पत्थर को शंकर समझ
क्यों न जाऊँ दायरे से बाहर साँस लेने
क्यों न करूँ कोशिश जीने की हर एक वो लम्हा
क्यों न ढूँढू हर एक वो क्षण जो गया निकल
क्यों न करूँ आज़ाद अपने मन को

वर्तमान एक कड़ी मात्र है अतीत और भविष्य की
क्यों न लौटूँ उस अतीत में
भविष्य को समझने ?

- **क्यों न ?**

इज़्ज़त
ज़िल्लत
आदर
अनादर
प्यार
तिरस्कार
बड़ाई
गाली
तारीफ़
मोहब्बत

तुम कुछ भी दो
हम
लेंगे उतना
जितना पचे।

- लिमिट

ग़ुरूर न कर
हर छोटी बात पर

यहाँ
बातों-बातों में
लोग निपट जाते हैं।

- क्षणभंगुर

मना तो लोगे सभी को
ख़ुद को मनाओ तो जानें

दूसरों से मिलकर
बनाते एक परिवार
अपनों से मिलकर
अपने रिश्ते निभा लो तो जानें

दोस्त बनाते नए
हर दिन राह चलते
वो जो हैं दोस्त पुराने
उनसे दोस्ती निभा लो तो जानें

करते आलोकित तुम
दूसरों की ज़िंदगी को
ख़ुद का अँधेरा मिटाओ तो जाने

हरेक मुस्कुराहट में
हज़ारों ख़ामोशी छिपी है
मुस्कुरा तो लोगे तुम
उस ख़ामोशी को जीतो तो जानें

लड़ तो जाओगे सभी से
ख़ुद से लड़ो तो जानें।

- मैं और आप

मना तो लोगे सभी को
ख़ुद को मनाओ तो जानें

तुम देखते दूसरे को
परखते दूसरे को
जाँचते दूसरे को
ख़ुद को
देखो
परखो
जाँचो
तो जानें

ढूँढते नक़ली रिश्ते ऊपर वालों से
इस आस में कि करें तारीफ़ अपने
जो खड़े हैं नीचे
अपनों की बनो सीढ़ी
बिन उम्मीद तारीफ़ की
तो जानें

ज़िंदगी की रेस में
जो भागे

और निकल गए
बस थोड़ा आगे
जश्न मनाते
रेस फ़िनिश करने वालों के साथ
जश्न मनाओ अगर
उनके साथ
जिन्हें ज़िंदगी ने मौक़ा ही नहीं दिया रेस का
तो जानें

सुन तो लोगे सभी की
अपने मन की सुनो तो जानें।

- कुछ और बातें

स्वीकार लो अपने भाग्य को
अगर नहीं सकते बदल
या फिर
उठो
संघर्ष करो
अगर नियति अस्वीकार है-
ये रहे मूलमंत्र सुख के
काल के प्रारंभ से

व्यथा होती है
जब मन जाता है उलझ
क्या स्वीकारें
स्वीकारने की क्या है हद
और कैसे लड़ें उन दानवों से
जो बैठे हैं चित्त में घर बसाए

कृष्ण नहीं मिला करते
सभी अर्जुनों को
तू अर्जुन और तू ही कृष्ण अपनी ब्रह्मांड के
स्वीकार लो अपने भाग्य को
या फिर

उठो
संघर्ष करो
अपने मन के कौरवों से।

- स्वीकार लो या संघर्ष करो

मैं बाज़ हूँ
उड़ना है काम मेरा
और काम मेरा अंबर चूमना
दूर-दूर तक निगरानी रखना
और युद्ध करना
लड़ना नहीं है काम मेरा
लड़ते तो गिद्ध हैं
मैं तो बाज़ ठहरा

गिद्ध लड़ते
माँस की बोटी के पीछे
भीड़ में
हम तो संग्राम करते
अपनी आन पर
और अकेले
सामने से
और दिन में

कभी देखा है गिद्धों को अकेले उड़ते
गीदड़ों को अकेले चलते
शेर अकेला
ललकारता
वार करता
और शिकार करता

इस संसार में गिद्ध और गीदड़ भरे हैं

सत्ता और शक्ति के भूखे
अहम के भूखे
और भूखे अधिकार के

अगर करना ही अनुकरण तुमको
भीड़ न तू वज़ूद बन
गीदड़ न तू शेर बन
गिद्ध न तू बाज़ बन

लड़ नहीं तू युद्ध कर
शान से और बिन डरे
जीत गया तो जीत गया
जीतेगा भी तू हारकर।

- **बाज़**

आँख बंद कर लेने से
मुश्किलें चली जातीं
तो रातों में सपने बुरे न आते।

- फ़ेस इट

कहानियों का शहर ये
हर एक की कहानी
हर दूसरे के मन में
लिख सकता मन
मोटी किताब हर एक पे

पर
दिमाग़ था सुन्न
बैठा जब
ख़ुद की कहानी लिखने।

- **परसेप्शन**

प्रसन्नता-
एक रस भरा गिलास

ज़िंदगी में लोग मिलते दो तरह के
एक रस भरते बूँद-बूँद
दूसरे लगाते स्ट्रॉ और सुड़क जाते पल में

रहो दूर उनसे जो सोखते रस
निकालो उन्हें अपनी ज़िंदगी से
जैसे दूध से मक्खी

ढूँढ़ो सोहबत उनकी
रखो क़रीब उनको
जो कभी होने न दें गिलास ख़ाली।

- हैप्पीनेस

समय है अमर
न थकता
न टूटता
पहर, दिन, महीना, साल निकल जाते
शिशु बनता युवा
फिर पिता
पिता वृद्ध
और वृद्ध करता संताप
ढूँढ़ता गिने-चुने पलों को
जो खो गए जीवन में

नववर्ष है एक समन
समय कितना भी हो कम है
स्मरण रहेंगे बस ख़ुशी के पल

नववर्ष संकल्प ये
ढूँढ़ो अपने-आप को अपने-आप में
और जियो उस क्षण को
जो रहा है निकल।

- संदर्भः नववर्ष

ज़िंदगी
लम्हों का एक गुच्छा

हम
संजोते एक लम्हा
और फिर चल पड़ते
बनाने एक और लम्हा
बनाते हम
लम्हा-दर-लम्हा

सुख है-
लौटकर अतीत में
लम्हों के इस गुच्छे से
निकालकर एक लम्हा
और जीना फिर से
वो लम्हा।

- रीलिव द मोमेंट्स

इतनी बेचैनी अगर रास्ते के लिए होती
तो मंज़िल
ख़ुद चलकर तुम्हारे पास आती।

- **सफ़र**

असंभव है संभव
अगर सीख लिया चलना
एक क़दम
फिर एक क़दम

पर्वत भी देगा पथ
सेतु देगा समंदर
अगर सनक हो चलने की
एक क़दम
फिर एक क़दम

चाहे श्रम से टूटे शरीर
चाहे पीड़ा से भग्न हृदय
पथ पर
निरंतर अग्रसर
एक क़दम
फिर एक क़दम।

- एक क़दम

चलो
दौड़ो
उड़ो

उड़ नहीं सकते
दौड़ो
दौड़ नहीं सकते
चलो
चल नहीं सकते
बढ़ो

बढ़ना ही जीवन है।

- जीवन

वो ज़िंदगी, ज़िंदगी क्या
जिसमें
दिल न धड़के
सिर न सटके
नसों में लहू न दौड़े
पेशियाँ न फड़कें
माथे पे पसीना न चमके
तनाव न आए
मन न रोए
न चिल्लाए
न दिल टूटे
न सिर फटे
न हो हरकत
न हो हलचल
न हो सीना चौड़ा
न हो सीधी गर्दन
न हो सपने आँखों में
न हो पागलपन
न हो मेहनत
और न हो उस मेहनत से कमाई इज़्ज़त

वो ज़िंदगी, ज़िंदगी क्या
जिसमे रोके रखो साँस
जिसमें रहे सहमे
रहे डरे
रहे छिपे
रहे अदृश्य मौजूद होकर भी

ज़िंदगी और मौत
में अंतर है
बस स्पंदन का

वो ज़िंदगी, ज़िंदगी क्या।

"एन्जॉय द केओस"

तकलीफ़
मुसीबत
मुश्किलें
परेशानियाँ
तनाव
दुख
दर्द
नहीं चाहिए (?)

सारी परेशानियाँ
ख़त्म उस दिन
तुम लाश जिस दिन

तकलीफ़
मुसीबत
मुश्किलें
ज़िंदगी की धड़कन ये
टिक-टिक घड़ी की तरह
दिन-रात
चलती साथ-साथ
भागना इनसे निराधार

लाओ एक दोना दालमोठ
खोलो एक बोतल शराब की
और दौड़ाओ ज़िंदगी
सरपट
रफ़्तार में।

- ज़िंदगी

एक बार
एक
मिला एक से
गणित हँसा
जुट गए तो दो
ना जुटे तो एक
बँट गए तो शून्य
बिन-बँटे जुटे तो ग्यारह

नादान एक
उलझ गया गणित में
बनता-बनता दो
रह गया शून्य

ज़िंदगी भी एक विषय
संबंध एक गणित
समझ गए तो पूर्ण
ना समझे तो रिक्त।

- गणित

आज- कल का कल
कल- कल का आज
ज़िंदगी- एक कालचक्र
चलती रहती निरंतर
सब रहे गुज़र
क्या शशि क्या दिनकर

मनुष्य
पिता का पुत्र
पुत्र का पिता
अल्पकालिक
और परिवर्तनीय

जहाँ से गुज़रा
गुज़रते रहे जन
क्या बचपन क्या यौवन
गुज़रा गाँव
गुज़रा शहर
ये हवा ये पानी
ये पर्वत ये नदियाँ
सब रहे गुज़र

सरल मनुष्य
समझता अमर
पर है नगण्य
जरण हर छण
सब रहे गुज़र
क्या शशि क्या दिनकर।

- **कालचक्र**

ये आलिशान अट्टालिकाएँ
ये मज़बूत मूर्तियाँ
ये पुल
ये महल
बनाया उस धरती पर
जो स्वयं है अस्थिर
निरंतर लगाती चक्कर अपनी धुरी पर
वो धुरी जो कर रही नियमित आवर्तन सूरज का
भाग रहा सूरज भी आकाशगंगा में
आकाशगंगा गतिशील अंतरिक्ष में
और
अंतरिक्ष बदल रहा
हर क्षण
ब्रह्मांड में

सब
चल रहे अनवरत
एक-दूसरे के सापेक्ष
असंयत और अस्थिर

देशों को नाम देती सीमा-रेखाएँ
ताऊ से लड़कर ली गई ज़मीन
तुम्हारा यौवन
उसकी दौलत
सब अस्थिर
सब रहे बदल
निरंतर

नासमझ मनुष्य
लड़ता
जूझता
बटोरता
छोड़ना चाहता विरासत
उस धरती पर
जो ख़ुद रही गिन
अपने दिन

अंत एकमात्र सत्य
सब क्षणभंगुर
ज़िंदगी एक क्षणिक टहलान
हम मुदित बटोही
पनपने दो प्रेम सर्वत्र
वक़्त कहाँ बेकली का।

- सब कुछ क्षण भर का

भाग-3

एक तस्वीर

चिपक के सो रही थी वो
थकी माँ के कलेजे से
एक दरिंदा आया
काली रात में चलकर

पिता है
यह सोचकर
बंद-आँख
वो चली गई नींद में मुस्कुराकर

आज शहर के शोर में गुम
रात की कालिख चीरती
बंद टावर के पीछे झुरमटों से
चीखें गूँजी है

हर माँ रोई है
हर पिता रोया है
क़तरा-क़तरा है शर्मिंदा
आज मनुष्यता रोई है।

- संदर्भः झारखंड में 3 साल की बच्ची के साथ रेप

मुँह में बन रहा थूक
धीरे-धीरे गले से नीचे सरक रहा था
पेट बउरा रहा था
होठ पपड़ी हो चुका था
चेहरा धीरे-धीरे सूखता रहा
लार भी कमतर होती गई
निगलने में बल जो लग रहा था
लगी थी भूख उसको
उस जेठ की दुपहरी में

सड़क के उस पार
गरम गुलाबी इमिरतियाँ उतरते देख
कमज़ोर छाती धड़-धड़ धड़कने लगी
खंगर शरीर हिलने लगा
बड़ी हिम्मत से तेज़ चला वो
उठाया एक इमिरती और दौड़ा
भीड़ पीछे
बच्चा है तो क्या हुआ-
चोर है
दे दनादन

बेजान शरीर हिल नहीं रहा अब
आँखें खुली थीं
होठ गुलाबी
सो रहा था वो
चैन से।

- भूख

मुझे साँस लेने दो
तड़पते जॉर्ज ने उन दंगई घुटनों से कहा

मुझे साँस लेने दो
दबती गर्दन से आती मरती आवाज़ ने कहा

मुझे साँस लेने दो
पिचकते फेफड़ों से बमुश्किल निकलती हवाओं ने कहा

मुझे साँस लेने दो
नीले होते चेहरे में उलटती आँखों ने कहा

आँखे तकती रहीं
गर्दन टूटी
मुँह लटका
सफ़ेद झाग टपकता देख
उस श्वेत अफसर ने स्थिर चित्त से
हाथ अपनी जेब से
और शरीर का बोझ उस काले गर्दन से हटाया

गोरे अफसर ने
एक अश्वेत को मारा
तसल्ली से।

- संदर्भः पुलिस द्वारा जॉर्ज फ्लॉयड की हत्या, मिनियापोलिस

बोझिल आँखों में तैरता एक दृश्य
उमस भरी ज़िंदगी जीने को शापित
वो और
उसका नन्हा-सा
मासूम फिर भी शापित
ऐसी ज़िंदगी जीने को

आख़िर उनके साथ ही
ऐसा क्यों होता है ?

शायद वो बनाया गया है इसी ख़ातिर
कि कवि लिख सके कुछ ऐसा
जिसमें अधनंगी मासूमियत मिले
या फिर
एक चित्रकार के चित्र में क़ैद
ये हमारे दीवारों पर टँगे रहे
एक साधन बनकर
मनोरंजन का।

- एक महँगी पेंटिंग (पहली कविता, 1990)

क्या चला होगा मन में
जब उसने उस ऊँची कुर्सी को सरकाकर
घर के बीच लाया होगा
और चढ़ा होगा उस पर लगाने कपड़े का फंदा
और फिर देखा होगा उसकी मज़बूती झटककर

क्या चला होगा मन में
जब सरकाया होगा फंदा गले के नीचे
पूरी ज़िंदगी नाची होगी नज़रों के सामने
या गिरा होगा बेचैन अँधेरे मन की खाई में

क्या चला होगा मन में
जब आँख बंद कर
हटाया होगा वह कुर्सी पैर के नीचे से
और छटपटाया होगा उस पल बेचैन
चिल्लाया होगा ज़ोर से
चीख़ बस हवा बन निकली होगी ज़ुबाँ से
उस अंत में चाहा होगा न अंत होना
चाहा होगा, मोहब्बत आ जाए घर तोड़कर दरवाज़ा
चाहा होगा, नीचे से आकर लपक ले पिता
देखा होगा, माँ को रोते पुकारते मदद

उस अनजान अंधकार अकेले सफ़र में
क्या चला होगा मन में?

- सुसाइड

मनुष्य एक बहुरुपिया
खोखला अंदर से
पर चेहरा भरा

मनुष्य एक बहुरुपिया
मरा अंदर से
पर चेहरे से लपेटी ज़िंदगी

मनुष्य एक बहुरुपिया
अकेला भीड़ में
पर हाथ मिलाता सब से

मनुष्य एक बहुरुपिया
दर्द में डूबा
और मुस्कान झूठी चेहरे पर

मनुष्य एक बहुरुपिया
शाम जब लौटता घर
नक़ाब हटा ताकता ऊपर

एक बहुरुपिया
आज सुबह
था वह एक ख़बर।

- संदर्भः सुशांत सिंह राजपूत सुसाइड

बोझ था- देखा नहीं
कराह थी- सुना नहीं
साँसें बेचैन थीं- महसूसा नहीं

जब
देखा
सुना
महसूसा

वो लाश था।

- बोझ

हृष्ट-पुष्ट
टिप-टॉप
इस्त्री की हुई पैंट-शर्ट
सलीक़े से कसी बेल्ट
चौड़ा कंधा, तना सीना
प्रचुर प्रतीति
ऐसा दिखा वो जब मिला था बरसों पहले

विषण्ण हृदय
बेजान शरीर
आज दिखा वो
उम्र की ढलान पे
खाट पे लेटा निर्वीय
दोपहर में सूर्यास्त का इंतज़ार करता

समय की अंधड़ में
कहीं खो गया विश्रंभ
तिनका में तब्दील वृक्ष
था बह गया तूफ़ान में।

"प्रमोद मोदी की याद में"

सन्नाटा था आज बाज़ार में
शायद जनाज़ा आज निकला है कोई
न वो हलचल
न कोलाहल
न उस दुकान से आती आवाज़
न ख़ैरियत
न मुस्कुराहट

सन्नाटा था आज बाज़ार में
शायद जनाज़ा आज निकला है कोई
कोई फिर मरा है
उमर से पहले
आई मौत चुपके से
ले गई संग अपने
छोड़ पीछे अधीर बचपन
सुना बिस्तर टूटे कंगन

इससे बड़ा सबूत क्या-
ठहरे हम कठपुतली
धागा जो खींचा उसने
लुढ़क जाते हम क्षण में

क्या इतराना
और क्या करना गुमान यहाँ
अपने बस में कुछ कहाँ
सब है बस खेल यहाँ।

"मुकेश मामू की याद में"

पाँव छूकर
उतरा सीढ़ियों पर
देखा आँसुओं को पिघलते हुए
मैंने कहा
मैं आऊँगा तुम जब पुकारो
चुप थी वो
देखा फिर
आँसुओं को लुढ़कते हुए
माँ आज रोई थी

मैं उतरा
उन नई बनी सीढ़ियों से
घर के सामने वाली गली में
फिर एक सफ़र की शुरुआत करने
मज़बूती दिखाता हुआ
मुड़कर
देखा उसको
आज फिर वो रोई थी

ऑटो से
स्टेशन की ओर भागा

डरा था मैं
ज़िंदगी निचोड़ चंद सफ़र का
क्या पता मैं रहूँ सफ़र में
और आ न पाऊँ
वो जब पुकारे
यह सोच
आज मैं रोया था।

- पिछला सफ़र

माँ एक शक्ति
सबसे बड़ी भक्ति
सबसे बड़ी आशा
सुकून की परिभाषा

माँ, प्रतिष्ठा पिता की
संसार बेटे की
ब्रह्मांड पोते की

माँ का आशीष
ईश्वर से बड़ी
हो तो धनी
वरना अकिंचन

माँ का स्नेह
एक कमज़ोर तिनका
एक बलिष्ठ बरगद
पुकारो तो गंगा
ललकारो तो दुर्गा।

- **माँ**

सामने वाले नीम के पेड़ से
कोयल की कुहू-कुहू
भोर में जगाती है
दोपहर में जब धूप तेज़ होती है
तो गर्म धूप झुरमुटों से छनकर आती है
काठ की उस नई बनी रैक पर
निराला-प्रेमचंद की किताबें
क़तारबद्ध खड़ी हैं
टेबल के ऊपर एक तस्वीर में
दसियों तस्वीरों का कोलाज है
जिससे सबके चेहरे झाँक रहे हैं
दरीचे से आनेवाली ढलती रौशनी में
अख़बार के खरखरे पन्नों को उलटाने के बाद
सामने वाली मेज़ के कोने पे पड़ी चाय की ओर
पिता ने थरथराता हाथ बढ़ाया
और धीरे से हिलते होठों के क़रीब लाया
उस निश्चिंतता में भी एक बेचैनी को भाँप
अख़बार के उस पन्ने ने उलटते हुए पूछा-
वो मुस्कुराहट
जो बरसों पहले
उस तंग कमरे में पड़ी

प्लास्टिक की कुर्सी पे बैठे दिखती थी
वो गई कहाँ ?

नम आँखें
चेहरे पर विषाद की रेखाएँ
बेडौल रूखे हाथ
लड़खड़ाती आवाज़
पिता बोला-
ठीक कहा तुमने
उस पुराने कमरे को
एक आशियाना बनाने में
लगा दी ज़िंदगी हमने
और आज
इस आशियाने का
हर एक कोना गुमसुम है
वो किलकारियाँ
जो उस कमरे में हर पल गूँजती थीं
वो ख़ुशियाँ जो हर क्षण तैरती थीं
समय के अंधड़ में
चली गईं
कहीं दूर
बहुत दूर
अब इस बेजान कुर्सी पे बेचैन मैं
करता हूँ इंतज़ार हर दिन
जो चहके फिर से
हर एक कोना

कहने के बाद इतना
ज़ुबान पिता की थम-सी गई
अश्क़ की एक बूँद पनपी
पर लुढ़क न पाई
गीली आँखें चमकती रहीं
अख़बार निहारता रहा।

- **पिता**

उम्र के साथ शरीर सिकुड़ गया था
साढ़े पाँच फ़ीट का गठीला जवान
पांच का कमज़ोर वृद्ध हो चुका था
सूती फतूही और सफेद धोती
बिन मूँछ नवाबों वाली सलीके से कटी दाढ़ी
मजीद नाम था
माँ कहती है की मजीद मियाँ ने लगभग सबका जनम देखा है
उम्र तो अब अस्सी के ऊपर होगी
जब भी गाँव जाता
वो मुझसे मिलने ज़रूर आते

नाना की बीड़ी की फैक्टरी थी- कश्मीरी बीड़ी फैक्टरी
बीड़ी की पत्ती से लेकर खैनी के कच्चे माल की सप्लाई करने वाले
आधे से ज़्यादा कारीगर मुसलमान थे
बाकी सभी भिन्न जातियों के हिंदू,
उन दिनों शनिवार और इतवार को
आँगन में जमघट लगी होती थी
हिंदुस्तान मानो उस आँगन में खिल गया हो
चहल-पहल, चाय पे चाय
राजनीतिक मसलों से लेकर
बकरीद और होली की प्लानिंग

जवान होते बच्चों के रोज़गार से लेकर
बेटियों की शादी के रिश्ते की बात
सब की चर्चा होती थी

वो बीड़ियों का बंडल
पच्चीस की एक
बना के लाते
एक जना बंडल गिन रहा होता
एक जना देने के लिए खैनी और पत्ते तौल रहा होता
मजीद मियाँ डट के लगे रहते
कोई ऐसा काम नहीं है
जो उन्होंने न किया हो,
जब नाना मरे
फैक्टरी ख़त्म
और वो हिंदुस्तान उजड़ गया
अब न वो चाय की चुश्की
न सिक्कों की खनखनाहट
न रामनवमी का जश्न
न ईद का सलाम

बस
मजीद मियाँ बचे हैं
हिंदुस्तान की याद अब उन्हीं से है।

- मजीद मियाँ

लाल पलाश से लदे पेड़
सरसों फूल से खिले खेत
इठलाती गेहूँ की बालियाँ
नाचती झूमती प्रकृति
झार-झाड़ियों तक में उल्लास
शिशिर को अलविदा कहती आई होली

रसोई में लगीं माएँ
छन रहे पुआ मालपुआ
दहीबड़ा छोले और गुझिया
व्यंजनों की महक से सना घर
गलियों में बच्चों की भगदड़
जागो भाई, आई होली

रंग में डूबे बड़े-बूढ़े
लाल-हरे नीले-पीले
काका-चाचा मामा-दादा
रंग मिठाई भाँग ठंडई
पिंटू-चीकू रिंकू-टिंकू
निकलो बाहर, आई होली

सफ़ेद कुरते पर अबीर-गुलाल
चौपाल में फाग-धमार
ढोल, मंजीरा और झाँझ
राग-रंग में डूबा संसार
न कोई ग़ैर, सब मेरे यार
होली आई, आई होली।

- आई होली

सुघड़ साँवली काया
छिटकती लाली लाल
मटकती काजल
चूमती सतरंगी सलवार
मलमली गुलाबी दुपट्टा
बेखौफ़ भूरे बाल
फड़कते सुर्ख़ होठ
चमचमाते सफ़ेद दाँत
और चाल में बहार

पता करना ज़रा
कहीं सजकर
होली तो नहीं निकली घर से ?

- होली

अश्विन एक पावन महीना
हवा में चंदन-सी महक
जन-जन में एक असीम ऊर्जा
आया दशहरा, महिषासुर का वध करती माँ दुर्गा

तिरपालों से बने दुकान
दुकानों में सजी मिठाई
व्यस्त गर्वीला हलवाई
उसने बनाई सबसे बड़ी बालूशाही

रंगीन साड़ियों में सँवरी युवतियाँ
सखियों से करतीं प्रलाप
पूजा और आरती से ओत-प्रोत
मंदिर प्रांगण एक मधुकोष

तारामाची और घोड़ागाड़ी
दुकानें सजी बहुत सारी
गुब्बारे और अनगिनत खिलौने
मेला- शिशु मन का ब्रह्मांड।

- दशहरा मेला

मैं गाँधी की कर्मभूमि
मैं रणभूमि कुँवर की
मैं जयप्रकाश का जनसैलाब
मैं आँगन राजेंद्र का

मैं मगध भारत का गौरव
मैं वैशाली प्रथम गणतंत्र
मैं बोधगया बुद्ध का प्रबोधन
मैं नालंदा मैं ज्ञान केंद्र जब जगत अबोध

मैं महावीर मैं सत्य अहिंसा
मैं गुरु गोबिंद मैं संत वीर
मैं चाणक्य का संकल्प
मैं अशोक भारत सम्राट

मैं दिनकर भारत का गर्जन
मैं नागार्जुन, मैं बेनीपुरी
मैं शारदा का छठ गीत
मैं बिस्मिल्लाह की शहनाई

मैं वंश चंद्रगुप्त का
ले प्रण, भर हुँकार
गढ़ भविष्य जैसा था अतीत
जय भारत, जय बिहार।

- मैं बिहार

भाग-4

मेरा घर मेरे लोग

मरने दो
ज़िंदगी इसकी
क़ीमती कब थी

मरने दो
वजूद क्या है इसका

मरने दो
मौत-
ज़िंदगी का जश्न ही तो है

मरने दो
मरा क्या मरेगा

मरने दो
मर गया था उस दिन
जन्मा था जिस दिन
ग़रीब के घर।

- संदर्भः मुजफ़्फ़रपुर हॉस्पिटल में मरे बच्चे (2019)

रात को सुनसान रास्तों पे खड़खड़ाती बस में
साँझ बोझिल चौराहा पर
नहर किनारे वाली खेत में
रेंगती भीड़ से लिपटे स्टेशन पर
नारी तुम सुरक्षित कहाँ

पुरुष का पशुत्व टूट पड़ा फिर
अपना पुरुषत्व रखकर ताक पर
नारी तुम सुरक्षित कहाँ

पुलिस नपुंसक
सरकार असमर्थ
मीडिया क्षुद्रा
नारी तुम सुरक्षित कहाँ

लज्जा सुशीला का वक़्त नहीं
न चीत्कार, केवल वार
तू शक्ति, तू दुर्गा
सरस्वती, लक्ष्मी का वक़्त कहाँ।

- नारी

भेंड़ों की भीड़ ने
एक बकरा पकड़ा
और मार दिया

गिद्ध के घर
एक दावत चली
गोश्त की

बकरों की भीड़ ने
एक भेंड़ पकड़ा
और मार दिया

गिद्ध के घर
फिर दावत चली
गोश्त की।

- संदर्भः गौरक्षक द्वारा मॉब लिंचिंग

दस की भीड़ में
तीन पीटते हैं
एक पिटता है
छह चुप हैं
समाज सोचता है
बहुमत पीटने वालों के साथ है।

- बोलना ज़रूरी है

ये आग जो लगाया तुमने
धुआँ जो उठा है उससे
पता कहाँ है इसको
बहना है किधर
कौन-सा घर है इसको जलाना
कौन-सा घर है इसको बचाना

ये जो धुआँ है ऊपर
पता कहाँ है इसको
जाना है किसके बदन में
और रहना है दूर किसके

ये जो तुम बनते ख़ुदा
बनाते भीड़
जान लेने दूसरों की
पता कहाँ है इसको
जान लेना है किसकी
और बख़्शना है किसको

ये भीड़ है एक धुआँ
बेचैन और चेहराविहीन

पता कहाँ इसको
किस ओर चलना
बस करता इंतज़ार
एक हवा की
पता नहीं कब किस ओर चल दे

ख़ौफ़ खा इस भीड़ से
छोड़ दे बनना ख़ुदा
क्या पता कब किस मोड़ पर
ये भीड़
जान ले ले तुम्हारी ?

- संदर्भः पुलिस इंस्पेक्टर सुबोध कुमार सिंह मॉब लिंचिंग

नफ़रतों की मजलिस से मैं गुज़रा
तो काँप गई रूह
खड़े हो गए रोंगटे
हो गया देह बीमार
और मन अधीर

दिखें भेंड़ ही भेंड़
बड़ा मुँह छोटी आँखों वाले
छोटी नाक बिन कान वाले
नफ़रतों की मजलिस में
मैं ढूँढ़ता रहा मनुष्य

कर ली फिर मैंने
बंद आँखें
ढँक लिए कान
सिल लिए होठ
और
राम, अल्लाह, ईसा की
लगा ली मजलिस हमने।

- मजलिस

घुमावदार पक्की सड़कें
अक्रम बेख़ौफ़ दौड़ती गाड़ियाँ
रेंगता रिक्शा
एक-दूसरे से टकराते
अस्त-व्यस्त भागते लोग

विशृंखल गलियाँ
गलियों में बमुश्किल साँस लेते घर
घरों के सामने खड़ी दुपहिया और मोटरगाड़ी
और सिकुड़ती गलियाँ

विषैली होती हवा
कटते पेड़ उपेक्षित जंगल
एक अव्यवस्थित संसार

सारी ऊर्जा सिमटाकर धर्म में
लोग प्रबुद्ध इस विकास से
और मैं ढूँढ़ता रहा
एक उत्थान को।

- **विकास**

सब कह रहे थे एक ही बात
फ़र्क़ इतना था
कुछ ने सुनना बंद कर दिया
कुछ ने बोलना

विमर्श जो हुआ था शुरू
बन चुका था एक बहस।

- **बहस**

रुको
ठहरो
सोचो
मज़मून के दायरे में रहो
फिर बोलो
चिल्लाने से मसले सुलझ जाते तो
लाउडस्पीकर बहुत मिलते हैं बाज़ार में।

- मसले

गया बादलों के ऊपर, दिखा नहीं स्वर्ग
खोदा ज़मीन, नहीं दिखा नरक

और हम मंदिर-मस्जिद खेलते रहे।

- **मुद्दा**

क्या है सही क्या है फ़र्ज़ी
क्या सही है फ़र्ज़ी या फ़र्ज़ी है सही
क्या मानें किसे मानें
क्यों न मानें जिसे मानें
ख़बरों के बाज़ार गर्म यहाँ

एक ज़माने में ख़बरें होती थीं देवियाँ
अब जाने कौन-सी ख़बर है गणिका
कौन-सी ख़बर है पूजिता

फ़र्ज़ी है घृणा सिखाता, सही सिखाता है मोहब्बत
फ़र्ज़ी सिखाता लड़ना, सही हमेशा जोड़ता
फ़र्ज़ी करता तारीफ़ तख़्त की, सही हमेशा करता है प्रश्न

अब भी अगर हैं हम उलझे यहाँ
दोष ख़बरों का नहीं दोष चश्मे का यहाँ
कुलटा तो रहेगी कुलटा
न बना तू उसको पूज्यनीया।

- फ़ेक न्यूज़

(गणिका: वेश्या; पूजिता: पूज्यनीया)

मुझे तो लगता है
जैसे किसी ने ये साज़िश रची है-
क़ौमों के बीच इतनी नफ़रत पैदा कर दो
कि वो सुलगते रहें
फिर उस क़ौम को
तोड़ दो
मरोड़ दो
जातियों में
पंथों में
गोत्रों में
टुकड़े हो इतने कि कभी जुड़ न पाएँ
अगर कोशिश करें भी तो दिखे पैवंद
और फिर जब ज़रूरत पड़े
हल्का-सा छू दो
टूट के फिर से बिखर जाएँ

मुझे तो ये लगता है
जैसे किसी ने ये साज़िश रची है-
तोड़ दो इनको
सवर्ण में
शूद्र में

अशराफ़ में
अज्लाफ़ में
पहाड़ी में
बनवासी में
फ़ासला बढ़ा दो इतना कि
छू न पाएँ एक-दूसरे को
और फिर खेलो खेल
ऊँच का
नीच का
अमीरी का
ग़रीबी का
छूत का
अछूत का

मुझे तो ये लगता है
जैसे किसी ने ये साज़िश रची है-
ऊपर जो हैं बैठे चंद
बनाओ उनको मोटा
दो आवाज़ मोटी
कि जब वो चीखें
नीचे लड़ने वालों की कराह कहीं दब जाए
शोर में दबी ये कराह
बन जाए एक गीत
और मज़हब के नशे में क़ौम
आँख बंद कर
बस गाती रहे

मुझे तो ये लगता है
जैसे किसी ने ये साज़िश रची है-
शांति की मुश्किल और जटिल पहेलियों को सुलझाने के बजाय
सच के ख़ज़ाने से निकालो लोहे की एक छोटी कील
उस कील पर कहानियों की
क़िस्सों की
इश्तहारों की
मोटी परतें चिपकाकर
शोर के इतने हथौड़े मारो
कि वो मोटा सच-सा चमकने लगे
और फिर उस सच को
इतना बेचो
इतना बोलो
कि लोग शांति और सौहाद्र की बातें भूलकर
मरने-मारने के लिए बावले हो जाएँ

मुझे तो ये लगता है
जैसे किसी ने ये साज़िश रची है।

- **साज़िश**

वो काफ़िर क़ौम का
वो अपवित्र
वो बेअदब
वो आतंकी
उसे निकालो

वो क्षुद्र
वो गंदे
वो मैले
वो जाहिल
उसे निकालो

वो नीचे मर्दों से
वो बदचलन
वो बदलगाम
वो बदज़बान
उसे निकालो

निकाले जाएँगे सब एक के बाद एक।

- बँटवारा

मैंने अक्सर देखा है
अफ़सरों, नौकरशाहों को
जो अपने बच्चों को इंजीनियरिंग और डॉक्टरी की तालीम कराते
एसी रूम के बैठकख़ानों में आराम से बैठकर
आईफ़ोन की चौड़ी स्क्रीन पे
दुश्मन का वजूद मिटाते

मैंने अक्सर देखा है
हवा में होश खो बैठे
दिग्भ्रमित युवाओं को
जो सेना में इसलिए नहीं जाते
क्योंकि वहाँ आराम नहीं
जंग का जश्न मनाते

मैंने अक्सर देखा है
ठाठ से बैठे मोटे सेठों को
जिनके लिए सबसे बड़ी देश सेवा
नेताओं को दिया गया मोटा चंदा है
युद्ध की ज़रूरत गिनाते

मैंने अक्सर देखा है
नेताओं को
जिनके बच्चे मोंटेसरी स्कूलों में पढ़ते
भारतीयता की दुहाई देते

मैंने अक्सर देखा है
सत्य को कराहते
शांति को बिलखते
और बड़ी आसानी से
बस चंद महीनों में
शहीदों की शहादत को भूलते।

- **हिप्पोक्रेसी**

आज मैंने
अख़बार में
एक सफ़हा का इश्तहार देखा
लिखा था
शहीदों को शत-शत नमन
कई चेहरे दिखे
पर
तस्वीर शहीद की
ढूँढ़ता रह गया...

- गुमनाम

वो ख़ास
तुम आम
वो चाहते नहीं कि मुफ़लिसी हटे
नहीं तो
फ़र्क़ जो आम और ख़ास में है
वो रहेगा कैसे

ख़ास का वजूद आम से है।

- ख़ास

तुम पढ़ो इतना
कि करो नौकरी उनकी
ख़ुशी-ख़ुशी
दिन-रात
उम्र भर
बंद आँख
यही वो चाहते हैं

कभी
कहीं
पढ़ न लेना इतना
कि करने लगो प्रश्न उन्हीं से।

- ग़ुलामी

जुम्मन मियाँ
परेशान थे
जिस गली से गुज़रते
बच्चे पीछे से आ के दाढ़ी नोच लेते
कभी पाजामे का नाड़ा
तो कभी फ़तूही खींच लेते
कभी मन बहलाने बाज़ार जाओ
तो बंसी की चाय दुकान पे जमे लफंगे ताने मारते-
तू जा पाकिस्तान
बोल, *भारत माता की जय*
भला अपनी अम्मी से मोहब्बत कोई नुमाइश की चीज़ है
ये बातें शूल की तरह चुभती थीं
कौन माई का लाल बोल सकता कि ये गाँव हमारा नहीं
पर उमर हो चली थी
शरीर अब वो रहा कहाँ
जो एक साँस में सौ दंड पेल दे
एक बार दहाड़ो तो चोरों की टोली काँपे
हवा ने ही रुख उल्टा कर लिया था
अलगू के पोते लायक़ थे
आ जाते थे बचाने चचा को
पर झुंड के सामने उनकी भी न चलती

जुम्मन बीमार से रहने लगे
टोका-टाकी के कारण बाज़ार तो दूर
चौखट से बाहर निकलना मुश्किल हो चला था
बुढ़ापा अपने-आप में ही एक बीमारी है

बहुत सोचा
फिर गए प्रेमचंद के घर
बोला-मुझे क्यों बनाया आपने एक मुसलमान
एक वक़्त था लोग मुझमें ख़ुद को देखते थे
अब तो बस
बदल दो नाम मेरा
बना दो मुझको
जमनालाल जलेबी वाला
प्रेमचंद हँसे- जुम्मन, मैंने तो एक हिंदुस्तान गढ़ा था
तुम और अलगू इस देश की धड़कन
तेरा नाम तेरा मज़हब देखा कहाँ
ये जो नोचते दाढ़ी
पूछते नाम तेरा
हैं नादान ये
आएगी अक़्ल एक दिन
वो फिर
जी भर पढ़ेंगे तुमको
अगर मैंने नाम बदल दिया तेरा
तो ये हिंदुस्तान
हिंदुस्तान रहेगा कहाँ?

बहुत मिन्नतें की
पर प्रेमचंद न हिले
बड़बड़ाता अपनी लाठी उठाई
और घर चल पड़े
शाम का वक़्त था
दिल बेचैन था
पर डर न लग रहा था
ख़ुदा ये भी काट देगा
तभी
पीछे से आवाज़ आई
चलो चचा, घर छोड़ दूँ
अलगू का जवान पोता नई फटफटिया लिए था
जुम्मन के चेहरे से बेचैनी ऐसे भागी
जैसे दोपहर में परछाई
ठीक कहा प्रेमचंद ने
हिंदुस्तान यूँ ही थोड़े ही ढहेगा।

- प्रेमचंद का जुम्मन

देश के गद्दारों को
गोली मारो सालों को
सड़क पे चलता जुलूस तंग बाज़ार की ओर बढ़ रहा था
शाम हलवाई ने चेताया था
सचेत रहना उन्नीस को
एक टोली निकलेगी
लाठी-भाला लिए
ज़्यादातर बेरोज़गार लड़के ही होंगे
और कुछ निठल्ले प्रौढ़
नौकरी पेशा वाले को वक़्त कहाँ
चचा ने सोचा
कोई नहीं
ये भी गुज़र जाएगा

पर हुजूम बड़ा था इस बार
हर सेकंड आवाज़ तेज़ होती जा रही थी
और धड़कनें उससे भी तेज़
बीवी आँखें बंद किए क़ुरान शरीफ़ लिए बैठी थी
चचा ने खिड़कियाँ बंद कर दीं
दरवाज़े के पीछे
दो मोटी पाटी लगा दी

चचा ने दो जोड़ी पउआ-पाटी
पिछले सोनपुर के मेले से नसीर के हाथों
बड़ी मिन्नत कर के मँगवाया था
इतना ठोस की सात पुश्तें उस खाट पे सोवें
उसके पीछे सखुआ की भारी अलमारी
जो चचा को ससुराल से मिली थी
बीवी बड़ी नाज़ से बोला करती थी-अंग्रेज़ों ने गिफ़्ट किया था
उनके नानाजान को
चचा कुर्सी लगा के वहीं बैठ गए
अब अल्लाह जो करे

आवाज़ तीव्रतर होती गई
जवान पोती नसरीन दादी से चिपक के बैठी थी
बेटा तो पहले ही कारगिल में शहीद हो चुका था
बहू सदमा बर्दाश्त न कर सकी
इन दिनों उसका बाहर निकलना मुश्किल था
लोग बेवजह छींटाकशी कर देते
जवान वो भी अकेली
मनचलों की सॉफ़्ट टारगेट
दादी ने एक तेज़ धार वाली चाकू सामने रखा था
ख़ुदा न करे इसकी नौबत आए
पर आएगी तो जान दे देंगे पर मजाल की कोई नसरीन को छू ले

भीड़ घर के सामने से गुज़रने लगी
आवाज़ इतनी तेज़
कि लगा सब इधर ही मुँह बाए चिल्ला रहे हों

किसी ने डेढ़-दो किलो का पत्थर फेंका
खिड़की नीचे से दरक गई
दिल जैसे मुँह के बल बाहर ही निकलने वाला था

धीरे-धीरे आवाज़ कम होती गई
भीड़ बाज़ार की दूसरी ओर पहुँच गई थी
जान में जान आई
बीवी चाकू के हत्थे को कसकर पकड़े थी
उस ठंडी में भी हथेली गीली हो गई
नसरीन का तो मानो किसी ने दो पउआ ख़ून सोख लिया हो

तभी किसी ने दरवाज़ा खटखटाया
चचा बाहर निकलो
शाम की आवाज़ थी
हाँ बेटा आया
चचा ने बड़ी मुश्किल से
मोटी पाटी और अलमारी हटाई
दरवाज़ा खोला
चचा जुलूस जा चुका है
चचा बोले-चाय पिओगे
शाम-हाँ पीला दो
दोनों का चित्त स्थिर था।

- जुलूस

तुम तोड़ोगे हम जोड़ेंगे
तुम बोरोगे हम उभरेंगे
तुम बाँटोगे हम बुनेंगे
तुम छाँटोगे हम जुट जाएँगे

तुम आँधी हो हम बरगद हैं
तुम तूफ़ाँ हो हम पर्वत हैं
तुम हो भूकंप हम हैं धरती
तुम हड़कंप हम चिंतन हैं

तुम काटोगे हम पानी हैं
तुम कुचलोगे हम माटी हैं
तुम कुतरोगे हम हैं हवा
तुम मसलोगे हम पत्थर हैं

तुम अवरोही हम आरोही
तुम बातूनी हम कर्मवीर
तुम बर्गलाओ हम सत्यवचन
तुम एक तालाब हम बहता नीर

तुम यहाँ-वहाँ हम रोम-रोम
तुम राम-राम हम राम-बुद्ध
तुम एक रंग हम सतरंगी
तुम कोरा विचार हम हिंदुस्तान।

- हम हिंदुस्तान

मानता नहीं वो बात शाहंशाह की
काफ़िर होगा
प्रश्न करता है हर बात पर
काफ़िर होगा।

- **काफ़िर**

जमा हुजूम था हज़ारों का
मुल्क के शाहंशाह आए हैं

सारा हुजूम टूट पड़ा एक पर
उसके हाथ में एक पट्टी थी
लिखा था
ये शाहंशाह हमारा नहीं

दिलेर कौन-
हज़ार या एक ?

- दिलेर

कुछ पंडित मरे
कुछ मुल्ला मरे

मुद्दा ये है कि
है कौन मुजरिम बड़ा
किसने ग़लती की बड़ी
किसने जलाई वो तिल्ली पहली
जिससे रियाया जलती रही

और हम
बादशाह की नाकामी को मुद्दा मानते रहे।

- नाकामी

मज़हब एक विकल्प
जाति- सामाजिक यथार्थ
मोहम्मद तो हो जाए बजरंग
जाति क्या होगी उसकी ?

- जाति

सिसक रही थी मानवता
गली के छोर पर
दुबककर
फटे कपड़ों में
भयभीत
भीड़ से

दृढ़ धर्म
जब गया उस भीड़ में
पूछा भीड़ ने-
है तू कौन
तू पूजता किसको

धर्म ने कहा-
मुझे ईसा में राम
और नानक में बुद्ध दिखता है
मुझे सूफ़ी में भजन
और मस्जिद में मंदिर दिखता है
मैं रफ़ी का कीर्तन
मैं लता का कलमा
मैं पूजता पत्थर

मैं पूजता निराकार
मैं मनुष्य की आस्था
मैं हर एक वो मज़हब हूँ

धर्म मुस्कुराया
भीड़ घबराया
क्षण में था विलीन रोष
देख पीछे धर्म के
एक समंदर प्रेम का।

- धर्म

जाति मिटा जब गया शहर
विदेश पहुँचा तो मिटा मज़हब

क्या जाऊँ परलोक बनने मनुष्य ?

- मनुष्यता

हम आज़ाद होंगे फिर
जब हम न मारे जाएँगे जन्म लेने से पहले
जब हम न छेड़े जाएँगे बाज़ार की भीड़ में
जब हम न कुचले जाएँगे चलती बसों में
जब हम चल सकेंगे रात की सुनसान गलियों में
जब हम घर से निकलेंगे बिन दुपट्टों के
हम आज़ाद होंगे फिर

हम आज़ाद होंगे फिर
जब हम न छीने जाएँगे हमारी बचपना से
जब हम न करेंगे काम महज पाँच की उमर में
जब हम न बैठेंगे चौराहे पर बन बंदर ख़ातिर चंद सिक्कों के
जब हम न देखे जाएँगे कीड़े-मकोड़े की तरह
जब हम न छुए जाएँगे जैसा कि हैं वो छूते
जब हम पढ़ेंगे वहाँ जहाँ उन बड़ों के बच्चे पढ़ते
हम आज़ाद होंगे फिर

हम आज़ाद होंगे फिर
जब हम करेंगे इश्क़ जिससे से भी मन करे
जब हम जाएँगे बन के दूल्हा चढ़के जिस पे मन करे
जब हमारे घर की बेटियाँ उठा न ली जाएँगी जब जी करे

जब अदालत करेगी न्याय न बंद आँखों से
जब कानून होगा बराबर अमीर और ग़रीब के
हम आज़ाद होंगे फिर

जब मेरी पहचान मुझसे न मेरे बाप से होगी
जब मेरी पहचान मुझसे न मेरी जाति से होगी
जब मेरी पहचान मुझसे न मेरे रंग से होगी
जब मेरी पहचान मुझसे न मेरे वस्त्र से होगी
जब मेरी पहचान मुझसे न की मेरे नाम से होगी
हम आज़ाद होंगे फिर।

- हम आज़ाद होंगे फिर

चलो जपें राम नाम मस्जिदों में
पढ़े गुरुग्रंथ साहब मंदिरों में
अता करें नमाज़ गुरुद्वारों में
हो जाएँ हम थोड़ा हिंदू थोड़ा सिख
थोड़ा ईसाई थोड़ा मुसलमान
रंग जाएँ एक रंग
शूद्र क्षत्रिय वैश्य ब्राह्मण
चलो करें स्वतंत्र स्वयं को

करें अबद्ध हवा को
मज़हबी दायरों से
निकल के भीड़ से
चलो बनाएँ वजूद अपना
बनाएँ फिर से एक चिड़ियाँ सोने की
ढँक दे भूमि को
हरित दोशाले से
बनाएँ जहाँ ऐसा
न हो कोई बड़ा न कोई छोटा
चलो करें स्वतंत्र स्वयं को।

- संदर्भः स्वतंत्रता दिवस पर संदेश

गणतंत्र जनतंत्र
संविधान महत्तम धर्म
हिंदुओं की गीता, मुसलमानों का क़ुरान
ख़ुदा यही, यही राम

समक्ष इसके
सभी जाति बौने, सभी धर्म छोटे
हैं सभी समान
बनियाँ और पठान

गणतंत्र एक मंदिर
जनता भक्त
स्वतंत्रता परम सुख
संविधान भगवान

गणतंत्र दिवस, विराट उत्सव
एक वार्षिक अनुष्ठान
सेनानियों का सपना
स्वतंत्रता का जश्न।

- गणतंत्र दिवस

कर लेंगे राजनीति गर जान बची तो
कर लेंगे विरोध भी गर जान बची तो
बात भी अपनी समझा देंगे उन्हें गर जान बची तो
लड़ भी लेंगे एक दूसरे से गर जान बची तो

बहस भी होगी धर्म पर गर जान बची तो
झगड़ भी लेंगे जाति पर गर जान बची तो
मुद्दा बनाएँगे शिक्षा की गर जान बची तो
चर्चा भी होगी चिकित्सा पे गर जान बची तो

सरेदस्त लगाओ चिटखनी घर के अंदर से
बनाओ ख़ूबसूरत हिंदुस्तान घर के अंदर में
बाहर भी लेंगे सँवार अगर गाँव बचा तो
कर लेंगे मोहब्बत इस जहाँ से अगर जान बची तो।

- कोरोना युग

सुबह के सन्नाटे में सिमटा शहर
दिन के उजाले में सोती गलियाँ
दौड़ती भीड़ है विलीन
परेशान पुरुष है गया थम

भाग-दौड़ को छोड़
घर के उत्सव में मशग़ूल
आँगन है बच्चों का महल
दादी के क़िस्सों में है बीत रहा प्रहर

हवा भी ले रही साँस
पानी बुझा रही अपनी प्यास
गा रही कोयल भी फ़ुरसत में
प्रकृति रही है मुस्कुरा

है शहर बंद
पर खिल गया है घर।

- कोरोना युग-2

मनुष्य के घमंड को तोड़ता- एक अदना विषाणु
मनुष्य के ग़ुरूर को तोड़ता- एक बौना विषाणु
विज्ञान के अहंकार को दे रहा चुनौती- एक सूक्ष्म विषाणु
विकास की परिभाषा को रहा बदल- एक क्षुद्र विषाणु

यह एक संकेत नहीं तो और क्या

तृष्णा और लोभ में मशग़ूल- है इंसान बन हैवान बैठा
संसार के संतुलन को कर भंग- है इंसान बन भगवान बैठा
संतुलन प्राणी और प्रकृति का, संतुलन धर्म और विज्ञान का
संतुलन प्रकाश और अंधकार का, संतुलन स्वार्थ और परार्थ का
संतुलन विधि और निषेध का, संतुलन निर्माण और विनाश का
संतुलन देह और अध्यात्म का, संतुलन जीवन और मोक्ष का

संतुलन खोता मनुष्य
महामारी एक संकेत नहीं
तो और क्या ?

- असंतुलन

ओरेगन, यूएसए में रह रहे डॉ संदीप सोनी एक अभियंता हैं। आईआईटी, बीएचयू से बीटेक और यूनिवर्सिटी ऑफ़ मिन्नेसोटा से मास्टर्स और पीएचडी, डॉ संदीप सोनी के नाम नेचर मैटेरियल्स और साइंस जैसे शीर्ष वैज्ञानिक पत्रिकाओं में दस से अधिक शोध-पत्र हैं। हालाँकि हिंदी माध्यम से पढ़े डॉ सोनी का हिंदी साहित्य से प्रेम जारी रहा। यह कविता संग्रह हिंदी के प्रति उनके इसी प्रेम को समर्पित है। झारखंड के रोहिणी में जन्में और बिहार के कटेया में पले-बढ़े डॉ सोनी ने बारह साल की उम्र में लिखना शुरू किया। अमेरिका में उन्हें योग और लिखने का शौक है, वहीं भारत में अपने गाँव अपने घर जाना और लोगों से मिलने-जुलने और बतियाने का। @SandeepSoniPhD टाइप करके आप उनसे फ़ेसबुक या इंस्टाग्राम पर संपर्क कर सकते हैं।

...कवि के बारे में